MANUAL DE SUPERVIVENCIA

Teoría y psicología de la supervivencia

La supervivencia es ante todo una actitud mental en la que influyen numerosos mecanismos que hay que conocer para enfrentarse con éxito a situaciones límite.

Construcción de un refugio I

Técnicas básicas para la construcción e improvisación de refugios de supervivencia.

Construcción de un refugio II

Los refugios de supervivencia en climas especiales.

Qué hacer si nos perdemos

Modo de actuación en caso de encontrarse en una situación de pérdida del camino o rumbo.

Técnicas de orientación: orientarse sin mapa ni brújula

Metodos de orientación que podemos emplear si carecemos de brújula.

El fuego I

Técnicas para encender un fuego, medidas de seguridad y leñas más adecuadas.

El fuego II

Cómo encender fuego con métodos improvisados y manera de emplearlo para cocinar y calentarse.

El agua

Obtención, filtrado y purificación del agua.

Caza y pesca de supervivencia

Métodos y técnicas no convencionales para cazar y pescar.

Pelígros ambientales I

Riesgos para la salud derivados del sol y del calor

Peligros ambientales II: el frío

El las zonas frías, como el ártico o la montaña, la primera necesidad para sobrevivir es protegerse del frío. En este artículo trataremos los peligros que acechan al superviviente en las zonas frías, como reconocerlos y como tratarlos.

Alimentación con plantas silvestres

La lista de plantas silvestres comestibles es enorme, muchas de ellas, ahora consideradas silvestres y malas hierbas, fueron cultivadas durante siglos para la alimentación humana.

Actuación en accidentes y catástrofes I

Preparación para enfrentarse a las catástrofes naturales y medidas de actuación frente a los huracanes.

Manual de supervivencia

Teoría y psicología de la supervivencia

Supervivencia deportiva y supervivencia real

La supervivencia deportiva es un deporte de aventura con múltiples facetas, ya que requiere conocimientos de técnicas de variadas disciplinas (orientación, escalada...) y del medio (botánica, meteorología...) que nos permitan desenvolvernos en la naturaleza, reconocer y aprovechar sus recursos y evitar sus peligros. La práctica de este deporte fortalece el cuerpo y la mente y aumenta la seguridad en nosotros mismos, nuestra capacidad de improvisación, de lucha por la existencia y nos prepara para una situación de supervivencia real. Sin embargo, la mayoría de nosotros jamás tendremos que enfrentarnos a tales circunstancias, pensaréis. Es cierto que no necesitaremos comer grillos ni dormir en un refugio improvisado, pero los beneficios psicológicos que proporciona nos ayudarán a enfrentarnos a la lucha por la vida en nuestra sociedad consumista depredadora. Por otro lado, cualquiera que practique montañismo puede verse incomunicado en medio de ninguna parte por un brusco cambio de tiempo, los trekkings a zonas salvajes y apartadas están cada vez más de moda, con el riesgo de perderse o tener un accidente, aunque sea mínimo, siempre presente, y millones de personas viven en zonas con peligro de inundaciones o terremotos. Incluso en la era de las telecomunicaciones, cuando todo el globo terrestre está fotografiado y cartografiado, existen zonas salvajes a las que nuestra civilización no ha llegado y en las cuales no tendremos dónde enchufar el microondas ni podremos dormir en un colchón Flex. Pero no nos engañemos, nadie está totalmente preparado para enfrentarse al violento choque mental y emocional que supone encontrarse abandonado y solo en un lugar remoto. Las técnicas de supervivencia nos ayudarán a vencer al medio, pero el peor enemigo está dentro de nosotros: pánico, soledad, desesperación..., y para vencerlo hay que conocer cómo funciona.

El poder está en la voluntad

Debemos tener en cuenta que una situación de supervivencia es una prueba de resistencia. Y en este tipo de pruebas el músculo que jamás debe fallar es la voluntad. Voluntad de vencer, voluntad de sobrevivir, este es el factor más importante. Al final todo se reduce a una actitud psicológica fuerte que nos permita enfrentarnos sin desfallecer a la desesperación, la angustia, el tedio, el dolor, el hambre, la fatiga... Si no estamos mentalmente preparados para enfrentarnos con lo peor tendremos pocas posibilidades de sobrevivir.

Aliado y enemigo: miedo y pánico

Es imposible no sentir miedo cuando uno se encuentra aislado y perdido lejos de la civilización. El miedo es una reacción natural de todos los animales frente a elementos hostiles, una descarga de hormonas en la sangre que agudiza los sentidos y prepara el cuerpo para luchar o huir. En este sentido, el miedo es, sin duda, beneficioso. La cara oscura del miedo es el pánico. El miedo descontrolado e irracional. Jamás debemos caer en él. El pánico es destructivo, conduce a la desesperación, impide analizar la situación con claridad y tomar decisiones positivas. Conocer las técnicas de supervivencia inspira confianza y es un paso muy importante para evitar sucumbir al pánico. Por otro lado, debemos concentrar nuestro pensamiento en el análisis de la situación y las tareas que debemos realizar para aumentar nuestras probabilidades de supervivencia, y eliminar de inmediato cualquier pensamiento autocompasivo, o de desesperación.

Los enemigos silenciosos: soledad y tedio

La soledad y el tedio llegan de forma gradual una vez que el individuo, realizadas las tareas inmediatas, se sienta a esperar y la mente comienza a divagar y a jugarnos malas pasadas. Con ellas aumenta la depresión y disminuye la voluntad de sobrevivir. Se combaten de la misma manera que el miedo y el pánico: manteniendo la mente ocupada. Siempre existen tareas que realizar para aumentar las probabilidades de ser rescatado (preparar fogatas, señales...) o simplemente para estar más cómodos (construir un refugio...). Analícense los peligros o emergencias que nos pueden sobrevenir y prepárense planes para afrontarlos. Es buena idea elaborar un programa de actividades que nos imponga disciplina al cuerpo y la mente y llevar un diario. Y si ves que ya no se te ocurre nada que hacer y que tu mente comienza a desobedecerte hundiéndose en le desesperación, corta unas flores y haz un mosaico en el suelo con ellas. Cualquier cosa en buena con tal de que nuestra mente y nuestra actitud no zozobre.

La mejor arma: estar preparados

Indudablemente, nadie espera encontrarse en una situación de este tipo, pero si viajamos por zonas deshabitadas o en avioneta o por mar, el riesgo, aunque sea mínimo, siempre está presente. La regla principal que todo el mundo debe seguir es informar a alguien de cual va a ser nuestro itinerario. De esta manera aumentan nuestras posibilidades de ser rescatados con brevedad. Llevar un equipo de supervivencia en nuestra mochila, un manual de supervivencia y conocer las técnicas que nos ayudarán a sobrevivir proporciona una gran fuerza psicológica. Por otro lado, una vez extraviados, siempre hay que prepararse para el supuesto de que pasaremos un largo periodo de tiempo en el que tendremos que seguir vivos, incluso aunque hayamos informado de nuestra ruta. Normalmente es mejor permanecer al lado del vehículo accidentado. Si nos alejamos de la ruta que habíamos trazado para nuestro viaje tendrán más dificultades para rescatarnos. No debemos olvidar que el momento más duro será cuando el avión o el barco se aproxime a nosotros y pase de largo. Supondrá una dura prueba psicológica; la desesperación y el abatimiento en estos casos son naturales, pero debemos luchar contra ellos y pensar que ya pasará otro. Si nos están buscando, antes o después volverán. La preparación física también es importante. Lógicamente tendrá mas posibilidades de sobrevivir quien está en buena forma que quien no.

Pero el riesgo no se encuentra en estar en baja forma, si no en ignorarlo. Debemos valorar nuestra fuerza y resistencia de forma realista, sin dejarnos influir por las marcas de nuestra juventud. Hay que tener la sensatez de adecuar nuestras actividades a lo que somos capaces de hacer. Acometer empresas que luego no podremos terminar sólo sirve para derrochar una energía muy valiosa y que nos invada la desesperación.

Cómo actuar

Tener un plan de acción aumenta nuestra confianza y mantiene nuestra mente ocupada. Los siguientes puntos pueden ayudarnos a elaborarlo.

1.- Análisis de la situación: Se debe analizar la situación para organizar un plan. Quizá hay heridos, o me amenaza algún peligro. Tener agua y alimentos es importante, igual que poder obtenerlos por los alrededores. A la hora de trazar un plan hay que establecer prioridades. Hay que tener en cuenta los peligros del entorno y cómo evitarlos. En ocasiones, dependiendo de cada situación concreta, habrá que alterar el orden de las prioridades o sustituir unas por otras. Por ejemplo:

-Prestar primeros auxilios
-Preparar las señales
-Abastecerse de agua
-Procurarse un refugio
-Abastecerse de comida
-Prepararse para desplazarse (normalmente suele ser mejor permanecer al lado del vehículo accidentado)

Es útil preparar un inventario del material, el agua y la comida de la que disponemos y prepararnos para abastecernos por nuestros propios medios de estos últimos antes de que se agoten las reservas.

2.- No tener prisa: Salvo en los casos de urgencia médica, la conservación de nuestra energía es un factor más importante que el tiempo. Por otro lado, el agotamiento por una actividad física sin un objetivo preciso provoca una situación de desamparo que socava nuestra moral. Por ello, todo lo que hagamos tiene que responder a un plan y un objetivo preciso.

3.- Recordar dónde te encuentras: Probablemente tendremos que alejarnos del lugar del accidente o de nuestra base o refugio para explorar los alrededores. En estos casos hay que tomarse un tiempo en analizar los rasgos del paisaje y hacer un mapa mental del lugar. Debemos marcar el camino para poder volver sobre nuestros pasos y no perdernos, pues el golpe psicológico que provoca esta situación es durísimo.

4.- Dominar el miedo y el pánico: Hay que mantener la mente ocupada con estas medidas. Debemos ser optimistas y confiar en ser rescatados, pero también debemos prepararnos para afrontar futuros problemas.

5.- Improvisa: En una situación de supervivencia siempre hay algo que hacer. Utilizar nuestra inventiva y creatividad aumenta nuestra confianza

6.- Valora tu vida: Si perdemos la voluntad de sobrevivir, el deseo de mantenernos con vida, el conocimiento de estas técnicas es inutil. No debemos correr riesgos innecesarios que puedan provocarnos un accidente.

Circunstancias personales

Las personas que emprendan viajes, especialmente si van a zonas alejadas o peligrosas, deben tener en cuenta sus necesidades personales. Diabéticos, alérgicos etc. deben incluir sus medicamentos en el equipaje. También deberían llevar unas gafas de repuesto quienes las necesiten. Cada uno debe conocer sus circunstancias y prepararse para afrontarlas.

Manual de supervivencia

Construcción de un refugio I

La función principal del refugio es protegernos de los peligros de medio ambiente. Un calor extremo puede producir un síncope o un golpe de calor; por el contrario, el exceso de frío produce hipotermias y congelaciones. En las zonas pantanosas nos pueden devorar los mosquitos y si nos calamos hasta los huesos mientras dormimos podemos coger una pulmonía, aparte de la incomodidad, la ausencia de descanso y el golpe contra nuestra moral que esto supone.

Un buen refugio, además de protegernos de los elementos anteriores, proporciona comodidad, seguridad y firmeza psicológica.

El tipo de refugio que construyamos dependerá de nuestras necesidades, del tiempo que vamos a permanecer en ese lugar y de las herramientas de las que dispongamos. Siempre deberíamos incluir en nuestro equipaje al menos una buena navaja, un cuchillo de monte y una lámina de plástico de 2x2 metros o similar que ocupa y pesa poco y nos proporciona un techo impermeable. Si el peso no importa, también podemos incluir un hacha pequeña o un machete.

Emplazamiento

Evidentemente, buscaremos en lo posible un lugar seco y al abrigo del viento, lejos de aguas estancadas o pantanos para evitar que nos devoren los mosquitos, aunque una fuente cercana o un pequeño curso de agua sería ideal.

Es aconsejable, para minimizar los riesgos, huir de las orillas de los ríos, pues puede sorprendernos una crecida, incluso en tiempo soleado, por la rotura de una presa formada de manera natural a causa de la acumulación de ramas, como sucedió no hace mucho en un camping español, que quedó arrasado en cuestión de pocos minutos. La gente murió dentro de sus vehículos y caravanas, que fueron arrastrados por la fuerza de la corriente. Lo mismo se puede decir de los cauces secos de los ríos, que con una tormenta pueden convertirse en torrentes antes de que nos demos cuenta.

También se desaconseja acampar bajo los árboles por el riesgo de que nos caiga una rama encima. Reconozco que yo me salto esta norma con frecuencia, pues los árboles protegen del rocío. Si decides hacer como yo, fíjate bien que no tenga ramas secas que supongan un riesgo pata ti. Evita también los lugares con peligro de desprendimiento de rocas o riesgo de aludes de nieve.

Es importante prestar atención a los alrededores para no darnos cuenta, una vez terminada nuestra construcción, de que tenemos un hormiguero o un avispero como vecinos.

Tipos de refugios

Vehículo
Si nos encontramos en una situación de supervivencia real por haber sufrido un accidente y nuestro vehículo aún está habitable, puede constituir un buen refugio. De lo contrario prestemos atención al material que lleva dentro y que podría servirnos. Los periódicos son un buen aislante; si disponemos de ellos utilicémoslos para cubrir las ventanas y protegernos mejor del frío. Si necesitamos hacer fuego y no disponemos de cerillas ni mechero podemos empapar con gasolina un trozo de tela, de papel, de esponja de los asientos, etc. y hacer chispas sobre él cruzando los terminales de la batería. Si quemamos o añadimos aceite de motor al fuego conseguiremos un humo negro y denso excelente para hacer señales.

Refugios   naturales
Son refugios cuya construcción requiere poco o ningún esfuerzo por nuestra parte. Se improvisan en hendiduras y oquedades de rocas, cuevas, formaciones del terreno y de la vegetación. Una hendidura en una pared rocosa que nos proteja de la lluvia y el viento y no ofrezca riesgos de desprendimientos es ideal. Sólo tendremos que preocuparnos de construir un lecho seco y confortable.

Refugios   improvisados
Son los que construimos con los materiales que encontramos en la naturaleza o que llevamos en nuestro equipaje.

Refugio   con   una   lámina   de   plástico
Si disponemos de una lámina de plástico suficientemente grande podemos improvisar un refugio tendiendo una cuerda entre dos árboles y colocando la lámina como una tienda de campaña clásica. En los extremos envolveremos unas piedras que luego sujetaremos con unas orquillas de madera o las anudaremos y las afirmaremos con cuerdas y piquetas improvisadas con unos palos de madera resistente. Si cavamos una zanja alrededor evitaremos que nos anegue el agua en caso de tormenta.

Refugio con un bote salvavidas

Un bote salvavidas vuelto del revés y elevado por un lateral con ayuda de unos palos constituye un refugio excelente.

Cobertizo

Es probablemente el más clásico de los refugios de supervivencia. Utiliza un armazón de madera, pero si utilizamos uno o dos árboles como columnas nos ahorraremos mucho trabajo y el refugio ganará en solidez. En climas fríos utilizaremos un fuego para calentarnos y un reflector de troncos detrás para aprovechar mejor el calor. Por ello es importante tener en cuenta la dirección

del viento si no queremos terminar ahumados. El techo lo cubriremos de materia vegetal. En algunas zonas es fácil encontrar grandes hojas con las que construir un techo impermeable ensamblándolas a modo de tejas. También se pueden improvisar tejas con trozos de corteza. Si no, un techo de hierba seca y paja, si es lo suficientemente grueso, también nos proporciona cierta impermeabilidad.

Refugio con un árbol caído

Hay que cortar algunas ramas para hacer una oquedad en la copa caída. Es un refugio acogedor y, si el árbol es frondoso, nos protegerá del viento, pero no de la lluvia.

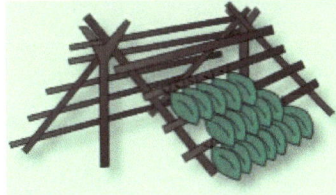

Refugio con soporte de ramas en forma de A

Es otro refugio clásico y que ofrece mayor abrigo que el cobertizo. Se construye con un armazón de palos que adoptan la forma de una tienda de campaña canadiense tradicional o de una A. Se cubre con una capa de hojas grandes a modo de tejas, y por encima de éstas una capa de hierba, hojarasca, ramas que no perforen las tejas para evitar que el viento

nos levante el techo.

Refugio de tronco

Es un tipo de refugio únicamente apropiado para pasar cortos periodos de tiempo porque no suele ser muy cómodo, a no ser que el tronco posea un gran diámetro. Consiste en un sencillo cobertizo que se realiza apoyando una serie de ramas sobre un tronco caído y cubriéndolas con los materiales indicados anteriormente.

El lecho

Es una parte fundamental de nuestro refugio. Debe de ser blando, seco, horizontal y caliente (excepto en el desierto, que será fresco). Esto lo lograremos escogiendo bien el emplazamiento (huir de zonas con humedad), quitando los palos y piedras que pueda haber en el suelo, y aislándonos bien de éste con hojarasca, helechos, ropa, etc.

Manual de supervivencia

Qué hacer si nos perdemos

Todo aquel que se aventure a una zona remota o desconocida debe tener la precaución de procurarse al menos una brújula y mapas de la zona. Tampoco está de más un altímetro y un podómetro. Hay que señalar en el mapa nuestro recorrido y relacionarlo con los accidentes geográficos más significativos (ríos, arroyos, picos de montañas, costas, etc). Es bueno hacerse una imagen mental de todo ello.

El miedo es una reacción natural cuando nos perdemos, pero hay que evitar a toda costa que degenere en pánico. Cuando alguien se da cuenta de que se ha perdido, normalmente no está muy lejos del camino correcto, pero si comienza a dar tumbos de un lado para otro, a desplazarse de una manera irracional, agravará su problema. La primera acción, cuando notamos que nos hemos extraviado, debe ser sentarse y reflexionar tranquilamente buscando todos los indicios y señales que nos ayuden a situarnos.

Cuando volvamos a movernos para buscar la ruta correcta, debemos dejar algún tipo de marca en el terreno para asegurarnos de no dar vueltas en círculo inútilmente (filas de piedras o ramas que indiquen nuestra dirección, cortes en ramas o troncos, etc).
Si el terreno lo permite, podemos subir a un punto elevado desde el que se domine la zona y buscar los accidentes geográficos más notables. Si tenemos un mapa y los localizamos en él, no tendremos problema para situar nuestra posición, como veremos en próximos artículos. Si no tenemos un mapa, quizá podamos identificar algún rasgo característico del terreno que hayamos visto antes de perdernos. Si tenemos con qué, debemos dibujar un pequeño mapa de lo que vemos.
Si sospechamos que estamos muy cerca del camino correcto, debemos buscar una roca, árbol, u otro accidente cercano que se vea bien desde los alrededores y dar vueltas en torno a él haciendo una espiral cada vez mayor hasta que demos con nuestro camino.

En caso de haber sufrido un accidente con un vehículo en una zona remota, debemos valorar qué nos conviene más: esperar a los equipos de rescate al lado del vehículo, que por otra parte nos ofrecerá refugio, o desplazarnos en busca de ayuda. Normalmente la primera opción suele ser las más acertada, pues los equipos de salvamento verán mejor a un vehículo que a un hombre vagando solo. En todo caso, y aunque decidamos esperar a los equipos de rescate, debemos explorar los alrededores en busca de recursos (agua, alimento, leña...). Sería trágico perecer de frío por no saber que a 500 metros había un refugio de montaña.
Cuando abandonemos el refugio para explorar los alrededores debemos prestar mucha atención al paisaje, girarnos de vez en cuando para ver cómo es en la

dirección de vuelta y dejar marcas bien visibles para poder regresar. Aumentaremos nuestras posibilidades de rescate si preparamos señales que los equipos de rescate puedan ver desde el cielo. Debemos tener preparadas hogueras para encenderlas al mínimo indicio de que se acerca un avión o helicóptero. Echando hierba húmeda por encima o incluso aceite del vehículo obtendremos una columna de humo visible en la distancia. También podemos escribir "SOS" en el suelo con rocas o con surcos de tierra si lo hacemos en una pradera. Estas señales deben de ser lo más grandes posible para que se vean bien desde el cielo. Si abandonamos el vehículo para buscar ayuda por nuestra cuenta, no debemos olvidar indicar nuestra dirección por si los equipos de rescate lo localizan.

En el caso de que nuestra situación sea extrema, no sepamos cómo orientarnos ni veamos la posibilidad de ser rescatados, no debemos desesperar. Busquemos una fuente, un arroyo, nos conducirá a un río cuyo curso nos llevará antes o después, a una zona habitada.

Manual de supervivencia

Técnicas de orientación: cómo orientarse sin mapa ni brújula

Existen varios métodos que nos permiten encontrar el norte con mayor o menor precisión cuando carecemos de brújula. Los más eficaces son, probablemente, el reloj cuando es de día y las estrellas de noche y con el cielo despejado.

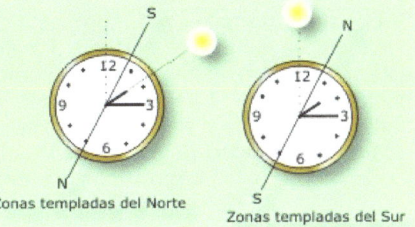

Método del reloj

Podemos valernos de un reloj de agujas y de la posición del sol para encontrar el norte con facilidad. Para ello debemos conocer la hora solar, que en España y los países de su franja horaria es dos horas menos en horario oficial de verano y una hora menos en invierno.

En las zonas templadas del hemisferio norte, si alineamos la aguja horaria (la pequeña) con el sol, en la bisectriz que forma esta con la cifra "12" del reloj se encuentra siempre el sur.

En las zonas templadas del hemisferio sur es la cifra 12 la que debe apuntar hacia el sol, y en la bisectriz que forma con la aguja horaria, se encuentra el norte.

Por las estrellas

Por la noche, si está despejado, guiarse por las estrellas es eficaz y sencillo.

En el hemisferio norte del planeta, la estrella polar indica siempre el norte. Este estrella es la última de la cola de la osa menor y, a pesar de que en casi todas las ilustraciones se muestra como una estrella muy brillante, su luz es tan pálida que con frecuencia no es fácil de ver. No obstante, es sencillo guiarse por la Osa Mayor para localizar el punto donde se encuentra la estrella polar. Para ello sólo tenemos que prolongar cuatro veces la distancia que separa las dos estrellas frontales de la Osa Mayor.

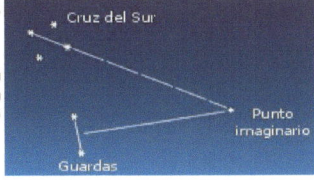

En el hemisferio sur debemos buscar la "Cruz del Sur", una constelación con forma de rombo o cometa. Si prolongamos la longitud de la cometa cuatro veces y media, el punto imaginario que localicemos indicará siempre el sur.

Por el sol

La salida y la puesta del sol también son una referencia. A todos nos han enseñado que el sol sale por el este y se pone por el oeste. Sin embargo sólo lo hace por el punto exacto en los equinoccios, o sea, alrededor del 21 de marzo y del 23 de septiembre y si nos encontramos en terreno llano. El resto del año y rodeados de cadenas montañosas, la referencia es sólo aproximada.

Por la luna

La luna puede proporcionarnos también una aproximación de los puntos
cardinales. Cuando está en creciente, las puntas señalan siempre hacia el este y
cuando está en menguante, hacia el oeste. Si tienes dudas para saber cuando
está de una u otra forma, piensa que la luna "miente". Cuando tiene forma de "C"
de "creciente", en realidad está menguando.

Con la sombra de un palo

Si clavamos un palo en el suelo, marcamos el extremo de la sombra, dejamos
pasar quince minutos y volvemos a marcar el nuevo extremo de la sombra, al unir
estos dos puntos, la línea que obtenemos nos indicará el este y el oeste (el primer
punto el oeste y el segundo el este). Al trazar una perpendicular tendremos el
norte y el sur. Este sistema sólo nos permite tener una referencia aproximada.
Cuanto más tiempo dejemos pasar entre la primera y la segunda marca y más
próximos nos encontremos la mediodía, más aumentará su
precisión.

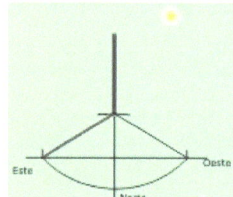

Existe otro método más preciso, pero limitado al mediodía.

Clavamos en un terreno llano un palo que proyecte una sombra de unos
30 ó 40 cm. y marcamos el extremo de la sombra. A continuación, con
un cordón de un zapato, una rama u otro método improvisado,
trazaremos una semicircunferencia usando como radio la longitud de la
sombra. Ahora debemos esperar el movimiento del sol. La sombra se irá
hciendo más pequeña a medida que nos acercamos a las 12:00 h.
Momento en que alcanzará su menor tamaño para después volver a
crecer. En el punto en el que la sombra vuelva a alcanzar la
semicircunferencia pondremos una marca. Al unir las dos marcas trazaremos una línea oeste (primera
marca) - este (segunda marca). En la perpendicular se encontraran el norte y el sur.

Signos naturales

Existen indicios en la naturaleza que pueden darnos pistas sobre la dirección que
llevamos. No son muy precisos, pero en circunstancias excepcionales pueden
impedir que perdamos el tiempo dando vueltas en círculo.

En el hemisferio norte los musgos crecen en las zonas más sombrías y húmedas
de los troncos, que suele corresponder a la cara norte. Si bien esto puede variar
localmente a causa de un microclima particular.

También en las montañas reciben menos sol las laderas orientadas al norte, por lo
que suelen ser más húmedas, de tonalidades más frías y retienen la nieve por
más tiempo.

Los anillos de crecimiento de los árboles suelen estar más desarrollados del lado
que reciben más sol, aunque pueden darse factores que alteren este desarrollo.

Manual de supervivencia

El fuego I

En una situación de supervivencia en zonas frías, nuestra vida puede depender de nuestra capacidad para encender y mantener un fuego. Sin llegar a esos extremos, podremos necesitar fuego para secarnos, calentarnos, hacer señales a los equipos de rescate y cocinar eliminando los posibles gérmenes y parásitos de nuestros alimentos.

También, como excursionistas, podemos sentirnos tentados a sentarnos al lado de una hoguera bajo las estrellas. En este caso debes tener en cuenta las leyes que regulan estas prácticas en tu país. En España, y más concretamente en Galicia, esta práctica está prohibida durante los meses más calurosos y severamente penalizada.

En cualquier caso, no debes olvidar que un fuego es muy peligroso, debes seguir todas las normas de seguridad:

- No hagas hogueras más grandes de lo necesario, son más dificiles de controlar y de   mantener.
- Elimina las ramitas y todo material combustible en un radio de dos o tres metros alrededor   del   fuego.
-    No   lo   hagas   cerca   de   la   maleza   o   ramas   bajas
- Ten siempre cerca un cubo u otro recipiente con agua y/o una rama frondosa para apagarlo rápidamente si es necesario.

Siempre debemos llevar en nuestra mochila o equipaje, especialmente si vamos a atravesar zonas inhóspitas, un mechero y/o cerillas en un recipiente impermeable (una caja de carrete fotográfico, por ejemplo. Lleva también los rascadores) o impermeabilizadas (con esmalte de uñas o parafina). Si así lo hacemos, nuestras posibilidades de supervivencia aumentarán y no tendremos que preocuparnos de hacer fuego con medios improvisados.

Preparar, encender y mantener el fuego

Antes de nada debemos decidir donde lo ubicaremos, prestando atención a viento y a la vegetación, y preparar el lugar eliminando ramas, hierbas, etc.

Es buena idea excavar un hoyo de unos 10 ó 15 cm y rodearlo con piedras para alojar en él la hoguera. Cuando deshagamos el campamento, taparemos las cenizas con la tierra que sacamos, devolveremos las piedras a su sitio y dejaremos todo de manera que nadie pueda notar que hemos estado allí. (Esta norma es bueno seguirla tanto si hacemos fuego como si no).

Hay que buscar el material combustible: ramas secas de diferentes grosores, la más menuda para encenderlo y la más gruesa para mantenerlo. No será difícil de encontrar en zonas boscosas y con tiempo seco. Las crecidas acumulan ramas en las orillas de los ríos y en ocasiones las convierten en un auténtico filón. Las ramas más bajas de los árboles están, con frecuencia, secas y se rompen con facilidad. En caso de tiempo húmedo debemos buscar en los huecos de los troncos secos, que proporcionan madera podrida que arde bien, en zonas resguardadas al lado de rocas, caminos, grutas. Si no ha llovido demasiado, quizá logremos madera seca simplemente descortezando las ramas húmedas. Si no, tendremos que coger las ramas gruesas y cortarlas en pedazos longitudinales para aprovechas las astillas secas que obtengamos. Pondremos la madera húmeda a secar cerca del fuego.

Para prender el fuego usaremos al principio leña más fina que dispondremos en forma de "tipi" o de "cobertizo" con ayuda de una roca o un tronco para que el aire circule bien y se inflame rápido. Por encima de la leña fina la iremos añadiendo más gruesa. Si no disponemos de suficiente leña fina podemos hacer astillas la más gruesa con ayuda de nuestro cuchillo.

En la base del "tipi" o del "cobertizo" habremos puesto la "yesca", que es el material inflamable que encenderemos. Consistirá en hojarasca, hierba seca, ramitas resinosas de pinos, sus hojas o agujas, su resina. La madera podrida es una buena yesca en tiempo húmedo, pues suele ser fácil arrancar las partes externas de los troncos para alcanzar las zonas interiores secas. Algunos frutos secos, como las nueces, poseen un aceite que les hace inflamables y arden lentamente. Especialmente útil es la corteza de abedul cortada en tiras, pues se inflama rápido, y arde despacio y con buena llama. Se puede, incluso, hacer una antorcha improvisada enrollando una tira de corteza a una vara.

En los lugares donde no hay leña el hombre recurre a otro tipo de combustibles. En los desiertos se queman los excrementos de los camellos; y en las zonas polares, la grasa de las focas y otros animales.

Tipos de leña

No todas las leñas arden igual, desprenden el mismo calor y las mismas llamas ni forman una brasa duradera. Cada madera tiene sus propias características. Alan Sauri describe en su obra "La Vida Autosuficiente - Ed. Blume" las características de las leñas de los árboles más comunes de esta manera:

"**Leñas duras**: Dan poca llama, pero su calor lento y prolongado las hace excelentes para la cocina y la calefacción.

Arce:	Bueno, buena llama	Carpe:	Excelente combustible, llama viva, buena brasa
Fresno:	Bueno, buenas brasas, fuego lento	Haya:	Buena, buenas brasas, llama clara
Olivo:	Excelente, brasas duraderas	Olmo:	Fuerte calor, quema lentamente
Falsa Acacia:	Buena, malas brasas, muy chisporreteante	Roble:	Bueno (también para carbón de leña) se consume lentamente, se pone negro y

se carboniza.

Leñas tiernas: Se consumen rápidamente con llamas continuas; resultan, por lo tanto, excelentes maderas para encender o iluminar.

Abedul:	Arde bien y rápido, llamas claras. Leña para encender e iluminar	**Álamo:**	Mediocre
Aliso:	Arde bien y rápido	**Avellano:**	Leña para encender
Castaño:	Poco calor, despide chispas	**Castaño de Indias:**	Mala leña
Majuelo:	Arde bien y rápido aunque esté verde	**Plátano:**	Mediocre y ruidoso
Sauce:	Llamas claras y vivas, leña para encender	**Sauco:**	Leña pequeña para encender
Tilo:	Mediocre		

Leñas resinosas: Sus ramas, de madera dura, son un combustible mejor que su tronco, de madera más tierna. Arden con una llama viva, pero poco duradera. A menudo desprenden un fuerte humo.

Abeto:	Llamas vivas, mucho humo	**Alerce:**	Medio, chisporroteante, buen carbón
Picea:	Calienta rápidamente, buenas llamas, brasas de corta duración	**Pino:**	Calor y llamas vivas, poca duración. Las piñas son excelentes para encender el fuego."

Manual de supervivencia

El fuego II

Fuego con métodos improvisados

Lo mejor es no cometer la torpeza de no llevar una reserva de cerillas o un mechero. Pero si nos vemos sin estos medios convencionales para encender un fuego existen otros sistemas improvisados, unos sencillos y efectivos y otros más complicados si no tenemos práctica. En estos casos se hace especialmente importante tener preparada suficiente yesca (hierba seca, hojarasca, etc. bien compactada para que la brasa se propague con facilidad) y leña fina y seca para no desperdiciar una llama que puede habernos costado mucho esfuerzo conseguir. Suele ser efectivo soplar suavemente cuando aparece el primer puntito rojo para avivar la llama. Los métodos son los siguientes:

Las lentes

Una lupa o las lentes de una cámara fotográfica, los prismáticos o determinadas gafas son un medio muy efectivo para encender un fuego, pero no nos servirá si no hace sol. Prepara primero una buena yesca que prenda con facilidad y apunta hacia ellas el puntito de luz.

Pedernal y eslabón

Es un buen sistema que funciona en cualquier circunstancia. Si no disponemos de pedernal podemos probar con una piedra dura. (hay que probar hasta que encontremos una que desprenda buenas chispas, y entonces guardarla para otras ocasiones). Sostendremos el pedernal cerca de la yesca y lo golpearemos con un trozo de acero, como puede ser la hoja de un cuchillo, tratando de dirigir las chispas a la yesca.

Arco de rodamiento indio

Es un conocido sistema de fricción de aire muy aventurero, pero si no sabemos escoger la madera que vamos a usar lo más probable es que no logremos encender el fuego.
Consiste en girar rápidamente una vara con ayuda de un arco sobre otro trozo de madera. Construiremos el arco con una rama flexible y un cordón (de los zapatos, mochila, anorak, etc).
Si queremos que el método funcione debemos frotar madera blanda contra madera dura (ver en la página anterior leñas tiernas y leñas duras). En cualquier sistema de fricción de madera, si obtenemos un polvillo negro, como de carbón, habremos acertado con la madera adecuada, en cambio, si obtenemos un polvo basto y arenoso, desechémosla y busquemos otra.
Cuando empiece a salir humo se añade la yesca bien compactada para que la brasa se propague con facilidad y se sopla con suavidad mientras se continua frotando para lograr una llama.

Método de la sierra

Es un método propio de la jungla, y consiste en usar una madera blanda, normalmente bambú para "serrar" (efectuaremos un movimiento de sierra) otra dura, frecuentemente cáscara de coco. Como yesca se emplea la fibra algodonosa de la base de las hojas de cocotero, el recubrimiento piloso marrón de algunas palmeras o la membrana que encontraremos dentro del bambú.

Método de la correa

Usaremos una tira de ropa u otra fibra fuerte y una rama de madera blanda. Elevaremos la rama ligeramente colocándola sobre una piedra. Pasaremos la correa por debajo de la piedra y tiraremos alternativamente de un extremo y del otro para producir la fricción. Previamente habremos colocado la yesca debajo de la rama, tocando a la correa.

Otros métodos

Podemos emplear una batería para hacer chispas uniendo los cables de ambos polos. También, en teoría, es posible fabricar una lente con un pedazo de hielo que labraremos con el cuchillo y terminaremos dando forma con las concavidades de las manos. Aunque si el frío es intenso el riesgo de congelación de nuestras manos puede ser demasiado alto. También es posible usar un objeto cóncavo (el culo de una botella, por ejemplo) para hacer la lente, vertiendo agua sobre él y dejando que se congele. Si hacemos dos, podemos pegarlos con un poco de agua que, si el frío es intenso, se congelará enseguida. En ocasiones, echar unas gotas de gasolina o alcohol sobre la yesca puede facilitar la inflamación, pero no la empapes completamente. Si usas gasolina u otro combustible en un recipiente para calentarte, ten en cuenta que existe un riesgo potencial de accidente. Nunca añadas más combustible hasta que la llama se haya apagado y el recipiente se enfríe.

Fuego para calentarse

Para aprovechar mejor el calor del fuego debemos construir un reflector con unos leños o utilizar uno natural (una formación rocosa, una depresión del terreno, un árbol grueso...) hay que prestar atención a la dirección del viento para que no nos venga el humo a la cara. Entre el fuego y el reflector prepararemos un lecho seco, blando y cómodo donde nos colocaremos nosotros. Y. Coineau y L. P. Knoeffler dicen a este respecto en su obra Vivir y Sobrevivir en la Naturaleza. Ed. Martínez Roca: "Encended un fuego intenso mucho antes de la hora del descanso; poco antes de esta, cubrid el lecho de brasas con una fina capa de cenizas. El calor, devuelto por el reflector, calienta durante unas 8 horas el área así delimitada."

Fuegos para cocinar

Para cocinar es mejor una hoguera pequeña, que consume menos leña y es fácil de mantener. Siempre es más práctico cocinar sobre las brasas que sobre la llama.
Podemos construir un hogar que nos servirá para poner la cazuela haciendo un pequeño fuego entre dos troncos, dos piedras, etc.
Si nuestra cazuela tiene un asa como la de los cubos podemos sujetarla sobre el fuego con una "grúa" improvisada con una rama inclinada sujeta entre unas piedras y otra rama que funcionara como "percha".

Manual de supervivencia

El agua

En una situación de supervivencia, después de tratar a los heridos, la búsqueda de agua suele ser la necesidad más apremiante.

Si carecemos de agua nuestras esperanzas de vida se cifran en torno a los dos días en el desierto y a algo más de una semana en climas frescos.

La cantidad de agua que necesitamos depende de la temperatura y humedad ambiental y de la actividad física que desempeñemos, pero nunca será menos de 2 litros diarios. En un desierto necesitaremos 10 ó 12 litros para llevar una actividad normal.

Encontrar agua

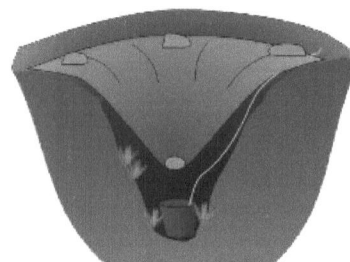

En las zonas templadas no suele ser difícil encontrar cursos de agua. En las zonas secas y desérticas la cosa puede complicarse más. Escarbar en los lechos secos de ríos o arroyos da a veces buenos resultados. Los cúmulos de vegetación en un determinado lugar son indicativos de existencia de agua. En los terrenos calcáreos podemos buscar en el interior de las grutas. Los animales también necesitan beber; observar sus desplazamientos a primera hora de la mañana o última de la tarde puede darnos pistas de dónde se encuentra el agua. Determinadas plantas, que varían según la zona geográfica, sólo crecen donde hay agua.

En caso de que no encontremos ninguna fuente de agua aún podemos aprovechar la de la condensación que se produce incluso en los desiertos improvisando un destilador.

Necesitaremos un plástico de 2 x 2 m. y un cubo u otro recipiente para recoger el agua. Un tubo de plástico para beber sin desmontar el destilador es también muy útil. Con este sistema podemos obtener entre 0,5 y 1 litro de agua al día.

Hay que cavar un hoyo en cuyo fondo colocaremos un recipiente que recibirá el agua de la condensación que se produce en las paredes del plástico con que cubrimos este hoyo. Una piedra en el centro del plástico conducirá las gotas hasta el cubo. El destilador será más efectivo si introducimos plantas en el agujero para aprovechar su humedad.

Peligros

En muchas zonas del globo, especialmente en el tercer mundo existe un riesgo alto de intoxicación al consumir agua, bien sea por contaminación bacteriana, bien por ingerir parásitos con ella. También en el primer mundo existe cierto riesgo al consumir agua de arroyos que discurren entre prados sometidos a abonos con purines, altamente contaminantes.

El consumo de aguas contaminadas puede producir enfermedades como fiebre tifoidea, cólera o disentería, además de otros trastornos provocados por parásitos que podemos pillar no sólo al beber, también al bañarnos en aguas estancadas y contaminadas.

No se debe beber agua salada, su concentración en sal es tan alta que colapsa los riñones y provoca la muerte entre fuertes dolores. Tampoco se debe beber orina y no debemos olvidar que las sabias de aspecto lechoso de muchas plantas son, con frecuencia, venenosas.

Purificar el agua

Si existe riesgo de contaminación hay que purificar el agua con alguno de estos métodos y esperar al menos una hora antes de consumirla.

Pastillas potabilizadoras: Es el método más práctico y efectivo 100%. Consiste en añadir al agua pastillas purificadoras. Estas liberan iones de plata que acaban con los gérmenes, previenen de nuevas infecciones y no producen daño alguno aunque se rebase la dosis. Se venden en cajas con un número variable de pastillas según sea cada pastilla para purificar 1, 5 ó 20 litros de agua. Podéis encontrarlas con facilidad en tiendas de montaña, también en Internet.

Yodo: Para desinfectar el agua con tintura de yodo usaremos unas 10 gotas por litro. La coloración tarda un rato en desaparecer.

Lejía: La lejía deja un sabor poco agradable en el agua. Usaremos de 4 a 6 gotas por litro.

Ebullición: Hervir el agua no termina con todos los gérmenes (el de la hepatitis, por ejemplo, resiste la ebullición), pero acaba con la mayor parte de ellos y con todos los parásitos. Hay que hervirla durante unos 10 minutos. En este caso se puede beber en cuanto enfría.

Filtrando el agua

En ocasiones, el único agua que podremos conseguir será la que se encuentre estancada en charcos, sucia por el barro. Antes de beberla, y sin olvidarse del aspecto de la purificación, debemos clarificarla para eliminar las partículas en suspensión.

La manera más sencilla es dejarla reposar varias horas en un recipiente, y después, con un tubo de plástico o el tallo hueco y flexible de una planta (por ejemplo un nenúfar) traspasarla a otro recipiente situado en una posición más baja.

También se puede filtrar usando varias capas de tejidos o con arena limpia, ayudándonos de un filtro improvisado con un pedazo de caña de bambú, cuyo extremo, agujereado, taponaremos con unas briznas de hierba.

Manual de supervivencia

Caza y pesca de supervivencia

En este artículo vamos a tratar los métodos para cazar y pescar. Hay que aclarar que estos sistemas son tremendamente crueles e inhumanos y suelen provocar mucho sufrimiento a los animales; por otra parte, su uso es ilegal en la mayoría de los países. Por todo esto resulta más que evidente que su empleo sólo estaría justificado en un caso de extrema necesidad.

Por otra parte, en una situación de supervivencia real, no debemos olvidar que los anfibios, reptiles y sobre todo los insectos suelen ser más fáciles de cazar que las aves o los mamíferos y constituyen una importante fuente de proteínas.

Normas básicas para el uso de las trampas

Saber construir trampas no garantiza la obtención de alimento. Si colocamos las trampas sin ton ni son, en cualquier parte, y sin tener claro qué queremos cazar, lo más probable es que nos acostemos sin cenar. Primero hemos de observar el lugar para hacernos una idea de lo que podemos encontrar y donde. El mejor momento para esto es el amanecer. Hay que buscar huellas, deyecciones, sendas y otras pistas reveladoras de la presencia de la caza. Muchos mamíferos, especialmente los de menor tamaño, tienen hábitos regulares. Podemos encontrar sus madrigueras o sus sendas marcadas en el rocío de la mañana o en oquedades y galerías entre los matorrales. Si tenemos un campamento estable, debemos poner tantas trampas como podamos controlar y revisarlas por la mañana y por la noche. Los mecanismos deben de dispararse con facilidad para evitar que las presas huyan con el cebo.

Trampas de lazo

Las trampas de lazo son sencillas y crueles. Para cazar pequeños animales, como conejos, se pueden construir con un cordel, sedal de pescar resistente, alambre, etc. El lazo tendrá el grosor de un puño y estará colocado a 4 dedos del suelo.

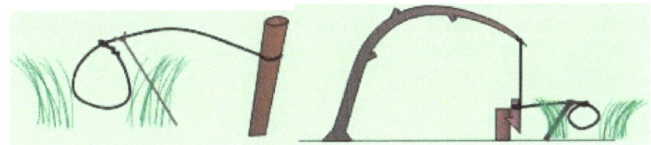

Mecanismo en forma de 4

Se trata de un dispositivo clásico y efectivo que se suele usar para sostener losas que matan a los animales por aplastamiento. Es útil para cazar tanto mamíferos como aves. Si sustituimos la losa por una cesta podemos capturarlos vivos.

Trampas de anzuelo

Permiten capturar pequeñas aves como mirlos y tordos y también aves acuáticas. Son simplemente anzuelos cebados, por ejemplo con lombrices, y son tremendamente crueles y dolorosos para los animales, que tratan de huir escandalosamente, por lo que lo mejor es situarlas cerca de nuestro campamento y revisarlas con frecuencia.

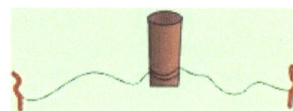

Existen además otros tipos de trampas para cazar grandes animales basadas en la caída de grandes pesos y el apuñalamiento con lanzas y estacas. Son muy peligrosas, pues pueden matar o herir a una persona que accione el mecanismo accidentalmente.

La pesca

Si encontramos un río o un arroyo nuestra supervivencia estará casi asegurada, ya que en los ríos existe una mayor concentración de alimentos.

Pesca con caña

Ningún aparejo improvisado será tan efectivo como un buen anzuelo de acero atado a un sedal, por lo que es importante llevarlos siempre en nuestro equipo. En general, se suele decir que las mejores horas para pescar son por la mañana temprano y al atardecer. Cuando se aproxima una tormenta también puede ser un buen momento, si bien, los peces pueden picar a cualquier hora del día o de la noche.

Si carecemos de sedal y/o anzuelos tendremos que improvisarlos. Como sedal es más fácil emplear hilo de nuestras ropas que improvisar un cordoncillo con fibras vegetales (de ortiga, cardo...). Los anzuelos improvisados suelen ser de madera o espinas, aunque también podemos emplear clavos, imperdibles y otros objetos punzantes.

Los cebos los encontraremos en el propio río, buscando debajo de las piedras, y entre la vegetación de la orilla y los alrededores. El mejor sistema para saber de qué se alimentan los peces es abrir el estómago del primero que pesquemos.

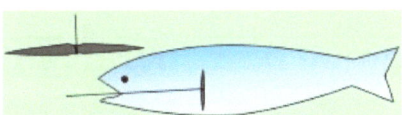

Pesca a mano

Es un sistema prohibido en España y muy efectivo en aguas poco profundas en cuanto se adquiere un poco de práctica. Mejor no realizarlo donde haya animales peligrosos (anguilas eléctricas, serpientes acuáticas venenosas...). Consiste en introducir la mano con cuidado bajo las piedras, raíces u oquedades donde acostumbran a ocultarse los peces en busca del vientre de los animales. Deslizaremos la mano suavemente hacia las branquias y hundiremos en ellas los dedos pulgar e índice para capturarlos.

Pesca con arpón, lanza o tridente

La pesca con estas herramientas en aguas profundas requiere práctica y habilidad debido a la distorsión de la luz. Sin embargo, en aguas poco profundas se pueden introducir estos aparejos bajo las piedras y en oquedades y ensartar a los peces. Por supuesto, también es un método ilegal. Podemos improvisar fácilmente un arpón de madera con una punta afilada de hueso o tallada en la propia madera.

Durmientes

Son anzuelos que se dejan cebados y atados a una rama flexible de la orilla del río a la espera de que pique un pez. Es un sistema bastante efectivo y completamente ilegal.

No debemos olvidar que, aparte del pescado, los cursos de agua ofrecen otras fuentes de alimento, como ranas, cangrejos, moluscos o reptiles.

Manual de supervivencia

Peligros ambientales I: el sol y el calor

Incluso cuando tenemos suficientes alimentos y agua podemos sucumbir si desconocemos el efecto que el medio físico puede causar en nosotros y no nos preparamos para ello. El frío y el calor pueden ocasionarnos numerosos trastornos, en ocasiones letales. Debemos conocerlos para prevenirlos y, en el peor de los casos, poder identificarlos y tratarlos. Si el trastorno es grave hay que tratar de evacuar al enfermo para que lo reconozca un facultativo.

Sol y calor

Si no nos resguardamos convenientemente del sol y del calor podemos sufrir diversos tipos de trastornos, algunos de los cuales, como las quemaduras, no los percibimos hasta que el daño ya está hecho. Otros, como los calambres en las extremidades y el abdomen, son síntomas que deben alertarnos de otras alteraciones mucho más graves, como el agotamiento por calor.

Quemaduras solares

Como hemos dicho, las quemaduras solares no se manifiestan hasta que ya nos hemos quemado. Si además, sopla una brisa fresca, tardaremos aún más en percatarnos. Los rayos ultravioletas, causantes de las quemaduras, atraviesan las nubes, por lo cual no debemos confiarnos porque el día esté nublado. En zonas nevadas, en el mar o en los desiertos los rayos solares se reflejan en la nieve, el agua y la arena respectivamente incrementando los efectos del sol.

Hipérico

Lo ideal es no cometer la torpeza de quemarse evitando la exposición al sol especialmente cuando las radiaciones son más intensas, entre las 12 y las 4. Usar un sombrero de ala ancha, un pañuelo que nos proteja el cuello si es necesario y llevar cubiertos brazos y piernas así como usar protector solar en las zonas descubiertas del cuerpo es la mejor forma de prevenir.

Si se viaja a zonas de riesgo debemos llevar un protector solar de factor alto, 15 ó más y una crema para las quemaduras.

Si por cualquier razón no disponemos de protector solar debemos cubrirnos bien. Podemos improvisar un protector con aceite de coco que se obtienen dejando la pulpa al sol. También podemos quemar coral, triturarlo y hacer una loción mezclándolo con agua o aceite.

Las quemaduras se manifiestan con enrojecimiento, aumento de la temperatura de la piel y dolor en la zona quemada, en los casos más severos pueden aparecer escalofríos y dolores de cabeza. Hay que evitar volver a reincidir para no agravar el problema. Si no disponemos de pomada para quemaduras podemos emplear el jugo del aloe vera (foto de la izda.). También podemos aplicar compresas de aceite de hipérico, que se obtiene dejando macerar unos días flores de hipérico en aceite. Con la primavera (Primula sp.) también se puede preparar una loción contra las quemaduras.

© 1999 Steven Foster

Aloe Vera

Agotamiento por calor

El agotamiento por calor aparece cuando perdemos exceso de líquido por una sudoración excesiva al estar expuestos a temperaturas y humedad altas. No es necesario estar expuesto al sol para sufrir agotamiento por calor. Si la deshidratación es muy grave puede sobrevenir la muerte.

Se manifiesta con calambres en las extremidades y abdomen provocados por la pérdida de sales minerales po la sudoración, piel pálida y sudorosa, aunque no tiene porque aumentar la temperatura corporal, confusión y falta de coherencia en la víctima, la cantidad de orina se reduce.

El tratamiento consiste en tumbar al enfermo a la sombra y con las piernas en alto. Se dará agua con una pizca de sal (½ ó 1 cucharadita nada más) y azucar que beberá en sorbos frecuentes.

Si es posible se mantendrá el enfermo en esta situación hasta que la expulsión de orina se normalice.

Insolación

La insolación es un trastorno de la regulación térmica interna de nuestro organismo, es un problema muy serio que puede incluso llevar a la muerte ni no se trata convenientemente.

Cuando realizamos ejercicios físicos intensos en ambientes de calor descuidando el descanso y la hidratación podemos sufrir una insolación.

Los síntomas dependen del tiempo que hayamos estado expuestos al sol y de la gravedad. En principio se manifiesta con dolor de cabeza, fatiga, vértigos, falta de apetito, fiebre ligera. Si continuamos al sol pueden aparecer nauseas, vómitos, calambres, trastornos de la visión, fiebre alta (por encima de 40º), pulso y respiración acelerada, colapso cardiorrespiratorio y la muerte.

Debemos reducir el ritmo de absorción de calor y bajar la temperatura del cuerpo. Se tumbará al enfermo a la sombra en un lugar lo más fresco posible. Para enfriarlo se le dejará en ropa interior, se le rociará con agua y se abanicará para aumentar la evaporación de la piel. También se puede envolver al enfermo con una manta que empaparemos con agua regularmente para mantenerla fría.

Si la insolación es muy grave, tras el período inicial de enfriamiento, se puede sumergir al enfermo en agua lentamente y aplicarme masajes por el cuerpo.

Cuando la temperatura baje se puede detener el proceso de enfriamiento pero sin dejar de vigilar por si vuelve a subir. Además es importante rehidratar al paciente del mismo modo que en caso de agotamiento por calor.

Miliaria

La miliaria es un sarpullido molesto pero que no presenta gravedad. Puede sobrevenir en climas cálidos cuando no hay una buena aclimatación, el sudor no se elimina correctamente y las ropas rozan contra la piel. Entonces las glándulas sudoríficas se bloquean.

Comúnmente se presenta como pequeñas ampollas poco molestas o vesículas rojas e inflamadas en torso, brazos y piernas, más molestas que las anteriores.

Conviene lavarse bien y ponerse ropa seca para destaponar los poros. Beber puede empeorar la situación al aumentar la sudoración, pero no debemos cometer el error de deshidratarnos.

Inflamación ocular

Si vamos a zonas donde las radiaciones solares son muy intensas, como los desiertos, montañas, trópicos o el mar, debemos llevar unas gafas que nos protejan de los rayos ultravioleta. (UVA, B y C). Si viajamos a zonas donde el sol es especialmente fuerte deben tener además un filtro infrarrojo.

La exposición prolongada al sol, sin protección ocular puede provocar deslumbramiento, dificultades para adaptarse a la visión nocturna, dolores de cabeza, se ven halos alrededor de las luces.

Hay que dejar descansar los ojos inmediatamente, buscar un refugio oscuro, vendar los ojos y reposar unas dieciocho horas.

Gafas de corteza de abedul

Si no tenemos gafas para protegernos del sol, podemos pintarnos con corcho quemado o ceniza alrededor de los ojos o improvisar unas gafas con corteza de abedul.

Manual de supervivencia

Peligros ambientales II: el frío

En las zonas frías, como el ártico o la alta montaña, la primera necesidad para sobrevivir es protegerse del frío. Esto se consigue desde tres frentes: la ropa, el refugio y el fuego. En este artículo trataremos los peligros que acechan al superviviente en las zonas frías, cómo reconocerlos y cómo tratarlos.

Hipotermia

La hipotermia es un descenso de la temperatura corporal por debajo de los 35º provocado por una exposición excesiva a las bajas temperaturas. Si la temperatura corporal desciende por debajo de los 33º la hipotermia es grave y puede provocar la pérdida de conocimiento y la muerte. El viento fuerte, las ropas mojadas o la inmersión en el agua pueden agravar los efectos del frío. También la mala alimentación, el agotamiento, la extrema delgadez, el estrés y la ansiedad o el uso de una ropa poco adecuada pueden ayudar a la aparición de la hipotermia.

Sus síntomas varían en función de la gravedad, y en ocasiones puede ser difícil de diagnosticar, por lo que, si vamos en grupo, debemos prestar atención unos a otros para detectar posibles síntomas.

La hipotermia puede sobrevenir rápidamente o irse desarrollando a lo largo de horas y no mostrar al principio anomalías en el pulso, respiración y presión sanguínea del afectado.

Los síntomas más frecuentes son cambios súbitos de humor y energía, falta de concentración y lentitud en las respuestas, pérdida de coordinación con tropiezos y caídas, temblores, palidez, pérdida de agilidad en las extremidades.

El tratamiento consiste en proteger al paciente de nuevas pérdidas de calor introduciéndolo en un refugio que lo proteja del viento y la lluvia. Hay que aislarlo también de la frialdad del suelo y ponerle ropa seca si es necesario. Se le proporcionará calor, bien por medio de una hoguera, bien calor corporal de sus compañeros, cubrirlo con mantas o mantas térmicas. Administrarle comida y líquidos calientes, pero no alcohol, té u otros diuréticos.

Si la hipotermia leve no se trata puede derivar en una hipotermia grave con pérdida de consciencia. Se hace necesaria la evacuación inmediata a un hospital. Si no podemos o mientras no llega la ayuda envolveremos al paciente en mantas y capas impermeables y aplicaremos calor con, por ejemplo, piedras calentadas en la hoguera y envueltas en telas, en los siguientes lugares: axilas, muñecas, nuca, zona lumbar, boca del estómago y muslos. Hay que mantener al paciente en posición los más horizontal posible, y si hay que moverlo se hará con sumo cuidado. En casos extremos puede hacerse necesario a resucitación cardiopulmonar (CPR).

Congelación

Se produce cuando el frío intenso provoca la formación de cristales de hielo bajo la piel. Las partes del cuerpo más expuestas son las manos, los pies y el rostro, especialmente los dedos, orejas y la nariz. Puede provocar importantes lesiones e incluso la pérdida de miembros y la muerte.

La forma de prevenir la congelación es ir provistos de unas buenas botas y calcetines térmicos, guantes y manoplas adecuadazos, y gorros, máscaras y bufandas que cubran la mayor parte del rostro. Hacer muecas y mover los dedos ayudará a activar la circulación sanguínea y a detectar la congelación en los primeros estadios.

En su estado inicial, cuando se congelan las capas superficiales de la piel, la congelación se manifiesta con pinchazos y entumecimiento de la zona congelada, la piel está muy fría y adquiere un aspecto blanquecino como de cera o rosada en personas de raza negra.

Hay que actuar rápidamente para evitar que la situación se agrave. Se procederá a calentar al afectado aplicándole calor corporal, o de otra fuente. Si la congelación es en las manos se colocarán en los muslos o en las axilas, si es en los pies se los calentará un compañero colocándolos en su vientre. El rostro, orejas, nariz los calentaremos con nuestras manos (pero sin frotar), las de un compañero o por medio de otra fuente de calor. Cuando el tratamiento hace efecto la piel enrojece y duele. El riesgo de que una zona congelada vuelva a congelarse es alto, así que deberemos estar vigilantes.

Si la congelación avanza, la piel se endurece, se vuelve rígida, se inflama y pueden aparecer ampollas, más tarde se torna azulada o negruzca y finalmente el tejido muere, lo cual puede producir infecciones, gangrena y la muerte.

Lo más sensato es tratar por todos los medios de evacuar al afectado a un hospital cuanto antes. Mientras tanto le procuraremos calor y abrigo en un refugio, le daremos comida y bebida calientes, le quitaremos anillos, pulseras y cualquier prenda que pudiera constreñir la circulación sanguínea hacia la zona congelada. No debemos frotar ni manipular las partes congeladas, romper ampollas, aplicar hielo o nieve, ni fumar.

Si no es posible la hospitalización podemos intentar la descongelación sumergiendo las zonas afectadas en agua a 28ºC.

Ceguera por nieve

Se produce cuando la intensidad de los rayos solares, reflejados por el hielo y la nieve, especialmente cuando el sol está en los alto (también puede aparecer en tiempo nublado) lesiona los ojos.

Se manifiesta con sensibilidad a la luz (hay que entrecerrar los ojos para mirar) parpadeo, lagrimeo. Más adelante aparece inflamación, enrojecimiento, sensación de arenillas e incluso ceguera.

Es muy fácil prevenir la ceguera producida por la nieve utilizando unas gafas de sol adecuadas. Si no disponemos de ellas podemos improvisarlas con corteza de árboles (ver ilustración en Peligros ambientales I) o pintando de negro con ceniza o un corcho quemado alrededor de los ojos.

El tratamiento consiste en procurar oscuridad, vendando los ojos si es necesario. Si duelen los ojos se pueden aliviar aplicando paños mojados sobre ellos y sobre la frente.

Manual de supervivencia

Alimentación con plantas silvestres

La lista de plantas silvestres comestibles es enorme, muchas de ellas, ahora consideradas silvestres y malas hierbas, fueron cultivadas durante siglos para la alimentación humana. No obstante, la naturaleza también posee poderosos venenos, y ante la duda es mejor abstenerse. En este punto conviene aclarar que en ocasiones el veneno de una planta se concentra sólo en una parte de ésta. Los tubérculos de las patatas son comestibles, mientras que sus frutos son venenosos.

Por otra parte, la identificación de las plantas silvestres es una habilidad que necesita ser practicada. Muchas plantas se consumen cuando son jóvenes, y su aspecto puede diferir bastante del que muestran cuando son adultas. Para reconocerlas con seguridad es necesaria una observación y un estudio a lo largo de su ciclo vital.

Se calcula que en Europa hay unas 10.000 especies aptas para consumo humano. Muchas de ellas tienen poco valor nutritivo, por lo que debemos concentrarnos en reconocer las de mayor valor nutritivo, mayor distribución y abundancia.

Partes comestibles de las plantas

Raíces y tubérculos: son las partes subterráneas de las plantas, por lo que deberemos escarbar para recolectarlas. Si no son fáciles de arrancar escarba alrededor y haz palanca con un palo.

Hojas y tallos: Se recogen cuando son jóvenes, de color más pálido que el resto de la planta, ya que suelen ser más tiernos. No las desgarres ni las marchites en los desplazamientos. En ocasiones pueden ser algo amargos, en ese caso cambiaremos el agua (teñida de verde) y las coceremos de nuevo.

Frutos: Los frutos secos son los más nutritivos y ricos en proteínas. También los frutos carnosos, como las moras o los arándanos son una importante fuente de alimento en la naturaleza. Las semillas y granos pueden molerse y mezclarse con agua como las gachas o tostarse. Debemos fijarnos en que las espigas de cereales no lleven cornezuelos (unas protuberancias negras en forma de judía) ya que son alucinógenos y extremadamente venenosos.

Las cortezas: las cortezas interiores de algunos árboles, como determinadas especies de pinos, han sido empleadas en épocas de hambruna para hacer una especie de pan.

Precauciones a la hora de la recolección

Si no se conocen las plantas con seguridad hay que evitar:

- Las que tiene ácido cianhídrico, delatado por un olor como a almendras o melocotones amargos. El laurel cerezo (Prunas laurocerasus), originario de Asia Menor, pero ampliamente cultivado como ornamental en parques y jardines contiene este ácido. Podemos olerlo aplastando una de sus hojas.

- Las que al probarlas resulten muy ácidas, ya que pueden contener ácido oxálico. Algunas plantas consideradas comestibles o utilizadas como condimento contienen ácido óxalico en pequeñas cantidades, pero en caso de desconocimiento hay que desechar las plantas.

- Algunas savias lechosas son muy venenosas, conviene desecharlas.

- Aunque las planta sea comestible, las hojas marchitas, secas o estropeadas se evitaran siempre, ya que pueden producir ácido cianhídrico.

- Desecharemos también todos los frutos divididos en cinco segmentos que no conozcamos.

- Las plantas que tienen pelillos en el tallo y las hojas a veces son irritantes para las mucosas y el tracto digestivo por lo cual prescindiremos también de ellas.

Prueba de comestibilidad

Si nos encontramos perdidos en una zona de la cual no conocemos la vegetación, numerosos autores recomiendan una prueba de comestibilidad para asegurarse de que una planta es comestible.

Antes de realizarla debemos asegurarnos de que la abundancia de esa especie justifica el riesgo. Nunca debemos saltarnos ninguna parte del proceso ni tampoco acelerarlo. Obviamente, sólo un miembro del grupo realizará la prueba:

- Antes de nada comprobaremos que no se ajusta a las características anteriores y que no está parasitado.

- Acto seguido frotaremos con la planta machacada o con su jugo en la cara interna del brazo. En caso de que resulte irritante o produzca cualquier tipo de molestia la desecharemos enseguida.

- Después probaremos la planta, pero cuidadosa y lentamente, esperando un intervalo de tiempo entre cada parte de este proceso. Primero pondremos un trocito sobre los labios y esperaremos un rato. Si no hay ningún tipo de reacción lo colocaremos en un ángulo de la boca, luego en la punta de la lengua y después debajo, siempre después de esperar unos segundos. Si se produce algún tipo de molestia descartaremos la planta enseguida. El paso siguiente es masticar un trocito.

- Si no se ha producido ninguna reacción tragaremos una pequeña cantidad y esperaremos 5 horas sin comer ni beber nada.

Si no se han producido dolores de estómago o de abdomen, nauseas, etc. la planta se puede comer. No obstante es mejor demasiada cantidad junta, sino dar tiempo a nuestro estómago a que se acostumbre a ella comiendo pequeñas cantidades al principio e ir aumentando poco a poco su ingesta.

Este sistema NO FUNCIONA CON LAS SETAS.

Intoxicación por plantas

La mayor parte de las plantas venenosas de Europa pertenecen a familias como las ranunculáceas, la euforbiáceas y las papaveráceas. Las especies responsables de mayor número de intoxicaciones en Europa son la cicuta mayor, que se puede confundir con el perejil o el perifollo; el acónito, que se confunde fácilmente con la angélica, muy apreciada para ensaladas; el eleoboro blanco, parecido a la gran Genciana (Genciana lutea).

Si se presenta dolor de estómago podemos ingerir gran cantidad de agua tibia o caliente. En caso de intoxicación hay que provocar el vómito introduciendo los dedos en la garganta o bien ingiriendo carbón vegetal.

Debemos tratar de evacuar al enfermo al hospital y avisar a un médico. Buscaremos y guardaremos restos de las plantas para poder identificarlas y facilitar el trabajo de los equipos sanitarios.

Debemos tener en cuenta que la comestibilidad de una planta es a veces algo relativo Estupendos condimentos aromáticos pueden matar en dosis altas, como el romero o la nuez moscada. Otras plantas comestibles sólo lo son en pequeñas cantidades, como la acedera o la aleluya (contienen ácido oxálico); y como ya sabemos una parte de la planta puede ser exquisita y otra mortal.

Hay que tener cuidado con las plantas que crecen en prados húmedos si hay rebaños cerca, ya que podrían transmitirnos parásitos. No se emplearán nunca en ensalada, sino cocinadas, así evitaremos riesgos.

También existe cierto riesgo de contraer parásitos al comer bayas que crezcan a ras del suelo, como fresas silvestres o arándanos, si han sido contaminadas con las heces de los animales que los transmiten.

Manual de supervivencia

Actuación en accidentes y catástrofes I

Preparación para las catástrofes naturales

Existen poblaciones que se encuentran asentadas en lugares propensos a determinados tipos de catástrofes como terremotos, huracanes, tornados o inundaciones, que suceden periódicamente. En ocasiones las catástrofes se pueden predecir con cierta antelación, como el caso de los huracanes, otros, como los terremotos, son hoy día absolutamente impredecibles.

Por otra parte, dado el cambio climático al que estamos sometiendo al planeta, regiones en las no sucedían este tipo de fenómenos pueden verse sometidas ahora a inundaciones, largos periodos de sequía o a olas de frío polar que dejan a pueblos incomunicados durante varios días. Por esta razón es importante estar preparado para afrontar cualquier tipo de contingencia en nuestro hogar.

Si vivimos en zonas expuestas debemos preocuparnos por conocer las recomendaciones de Protección Civil o del Ayuntamiento para afrontar estas situaciones, estar atento a los partes meteorológicos y seguir las recomendaciones que den por la radio o la televisión. Si tenemos que evacuar la zona seguiremos las instrucciones que den las autoridades.

Todos los miembros de la familia deberían saber cómo cortar la electricidad, el agua y el gas, además del modo de uso de los extintores, cuyo correcto estado se comprobará periódicamente. Nos proveeremos de un botiquín en el que, además de los útiles habituales, incluiremos los medicamentos específicos para los miembros de la familia que los necesiten. Los revisaremos también periódicamente para sustituir los medicamentos caducados y el material agotado.

Hay que procurarse también una reserva de agua y de alimentos que no necesiten frío y puedan consumirse sin calentarlos. También una radio con pilas de repuesto, una linterna (si usa el mismo tipo de pilas, mejor), mantas, papel higiénico, una bacinilla o un cubo donde poder hacer las necesidades en caso de urgencia. Una reserva de gasolina evitaría perder tiempo llenando el depósito del automóvil en caso de tener que evacuar con urgencia.

Huracanes

Los huracanes, también llamados tifones o ciclones, se gestan en el mar, normalmente a finales del verano, y comienzan a girar a unas velocidades que pueden llegar a los 300 km/h mientras se desplazan en dirección al polo a velocidades de hasta 50 km/h en el mar y unos 15 km/h cuando alcanzan tierra. En cuanto a las dimensiones, el centro u ojo del huracán suele tener entre 6 y 50 km. el diámetro puede llegar a los 500 km.

La llegada del huracán puede ser prevista por los servicios meteorológicos con más de 24 h. de antelación, por lo cual podemos prepararnos para afrontarlo.

Medidas:

- El lugar más peligroso es la costa, así que si podemos nos mantendremos alejados de ella.
- Si vivimos en una zona propensa a estos fenómenos meteorológicos tendremos preparadas una serie de tablas que nos permitan tapiar las ventanas si es necesario
- Eliminaremos de nuestro jardín, finca, ventanas, etc. todo tipo de objetos: macetas, herramientas, juguetes, adornos, que puedan ser arrastrados por el viento
- Permaneceremos en nuestra casa si es lo suficientemente sólida. El sótano o bajo la escalera suelen ser los lugares más seguros.
- El interior de los vehículos no suele ser demasiado seguro, es preferible esconderse debajo de estos.
- Si estamos en el exterior y no hay una cueva donde guarecernos, nos tumbaremos en una zanja. Si no hay nada mejor nos tumbaremos boca abajo lo más pegados al suelo posible y nos arrastraremos en busca de un refugio sólido, como unas rocas.
- Si el ojo del huracán pasa por encima de nosotros se producirá un periodo de calma que puede durar de unos minutos a más de una hora. Si nuestro refugio es sólido, no lo abandonemos, pues el viento volverá a soplar de nuevo con la misma fuerza, esta vez en dirección opuesta.

FIN